AHORA QUE YA NO

AHORA QUE YA NO

ESPERANZA MARÍN

Valparaíso
EDICIONES

Número 496 de la Colección VALPARAÍSO DE POESÍA
dirigida por FEDERICO DÍAZ-GRANADOS

Diseño de colección y portada: Chari Nogales
Maquetación: Carlos Henson

Primera edición: junio de 2025

© De los poemas: Esperanza Marín García-Cabrera
© Prólogo: María Paz Otero
© Diseño de portada e ilustraciones: Alba Sánchez-Serrano
González
© Valparaíso Ediciones
  C/ Fray Leopoldo, 7 bajo, 18014 Granada
  www.valparaisoediciones.es

ISBN: 979-13-87538-55-2
Depósito Legal: GR 852-2025

Impreso en España - *Printed in Spain*
Gráficas Gami

El papel utilizado para la impresión de este libro está calificado como papel ecológico
y procede de bosques gestionados de manera sostenible

AHORA QUE YA NO

A todas las que creyeron.

PRÓLOGO

Que exista algo que «ya no», implica que haya algo que sí, que fue, que, real o imaginario, ocurrió para una y ocupó un lugar y un espacio, fue propio. Lo que sí existió queda, de esta manera, en el fondo: en los sueños, en los *lapsus linguae*, en el estar a solas. Por otra parte, en todo lo que «ya no» habita algo nuevo, porque precisamente para que algo sea, es necesario que haya algo que haya dejado de ser. Y es por eso que nunca se debe confundir lo que ya no es con la ausencia, con algo vacío o muerto, con materia inerte.

Es concretamente en esta encrucijada, en el punto exacto donde se mezcla lo que dejó de ser y lo que es ahora, donde Esperanza Marín se remanga la camisa y hunde sus manos. Con la pregunta de su primer poema: *¿Quién puedo ser yo? (¿y quién quiero acaso ser?)*, nos invita –casi nos obliga– a prestar atención, nos abre un mundo al que urge asomarse.

El mundo de «Ahora que ya no» es, por tanto, un mundo de preguntas:

¿Por qué nunca me acabo? ¿Qué soy yo aquí? ¿Quién sería yo si no fuera/yo/si fuera?

de preguntas que tienen el poder de sacudir y de iluminar, como una bombilla que se enciende en un trastero y va iluminando, uno por uno, objetos que fingimos haber olvidado —fotogramas pasados, un vaso viejo, una planta marchita— pero que siempre estuvieron ahí, nos acompañan.

Aunque humildemente Esperanza dice no tener respuestas para palabras baldías, nos llegan, a través de la lectura, las respuestas que cada una espera o necesita. Nos llega, como un pisotón inesperado en el metro, el peso de un cuerpo que aplasta la hierba, el claroscuro que una vez fuimos en las fotos o una piel que se debate entre absorber la luz o defenderse. Y así, sin que una se percate, acaba de pronto tumbada en el diván, revisando lo de "ya no" y dejando entrar la luz, ventilando el dormitorio, arando la tierra para que crezca el presente.

Justo por esto, el recorrido al que nos invita este libro —por la nostalgia, el daño o el fin— no es, en absoluto, un camino pesimista, sino todo lo contrario. Los poemas de Esperanza, sin título que los preceda (o, lo que es lo mismo, sin preámbulos ni titileos), son una grieta que serpentea en la pared. Una grieta que amenaza con colapsar la estructura pero que a la vez permite introducir la mano, aferrarse y ascender. Una grieta por la que se filtra el agua (*ay, Amor, yo solo sé ser agua*), y calma la sed de quien lee, atentamente, sus palabras que son mezcla de daga y caricia.

María Paz Otero

PARTE 1

«No sé si estoy aquí o allí.
No sé si estaba bien ayer.
No sé, puede ser que sí».
CARMEN BOZA, *SIN SALIDA*

«Cúrame, viento,
ven a mí
y llévame lejos.
Cúrame, tiempo,
pasa para mí.
Sálvalos a ellos, sálvalos a ellos».
MORGAN, *SARGENTO DE HIERRO*

«Pasó lo que tenía que pasar
y no pienso hacer nada más,
más que quedarme aquí
cuidando la raíz».
VALERIA CASTRO, *LA RAÍZ*

ME HE QUEMADO Y SE ME HA QUEDADO
la piel manchada de sol.

Ay, amor,
qué bien estuve cuando estos días no eran míos.

¿Qué debo hacer ahora
si el premio de la espera
es todo lo que tengo?

¿Quién puedo ser yo?
(¿y quien quiero acaso ser?)
si no recuerdo bien quién era,
si no estoy preparada otra vez
para el paso de estas horas.

Que la nada siempre retorna,
siempre tan llena vuelve a traer
el dolor de los huesos quietos.

Me muevo,
yo me muevo.

Pero este tiempo
¿cuánto es?

Este tiempo
¿para qué?

NO RECUERDO QUÉ SENTÍA YO
cuando no sentía esto.
Un latido quizás más vivo,
algo más cuerdo, al menos en su curso.

No recuerdo quién era yo
cuando yo no era esta.
Alguien quizás más vivo,
algo menos muerto, al menos
en el cuerpo.

¿Quién sería yo si no fuera
yo
si fuera?

SIEMPRE HE SIDO HUMO.

No sé de qué llama surgí
ni si debo devoción
al oxígeno de algún aire.

Lo que soy se pierde en la volatilidad
de lo que creo ser y de lo que no soy
y me desdoblo a diario
en la posibilidad de ni siquiera ser.

Dudo si estos muros
cortan y separan
mi vida en sentido alguno
o si protegen libertades
que me negaba de continuo
la prisión social del día.

Esta cárcel no es cuestión de espacio.
Mi libertad no anida ni dentro ni fuera.

Si siempre he sido humo,
¿qué falta en este aire
que impide que me mueva?

BUSCAR LA SENCILLEZ ES A VECES
el proceso más complejo.

Quisiera por un momento
tratar de desentenderme
de todo lo que ata
y ser solo imagen.

Ser solo un presente,
sin acarrear la luz del lastre
de los fotogramas pasados,
sin la necesidad de mantener el movimiento
al futuro constante.

Qué liberador sería poder
deshilvanar a antojo
el camino trazado. Alejar los extremos,
poder vivir de hilo en hilo.

Es bonito poder ser por instantes tan estática.

«Tal vez no te das cuenta,
pero mira delante de tus pasos.

¿No ves cómo se borra el humo de mi imagen
lo mismo que las huellas del ciervo fugitivo
se borran en la senda?».
CARMEN MARTÍN GAITE, *RASTRO BORRADO*

EL CUERPO SE ACOMODA AL TRÁNSITO DE LAS HORAS
y el continuo suceder hace
de todos los días una espera.

La vida es
lucha y tregua,
y yo existo porque mi cuerpo espera
a la respiración, al latido.

El círculo no se rompe y vuelve
a cumplir siempre el ciclo.
Cuando tengo palabras no tengo tiempo.
Cuando tengo tiempo ya no hay nada que decir.

La mente que se hace voz
aclama la palabra ante el ruido,
sintiéndose a salvo,
sabiendo que no hablará
espera el turno
y olvida,
y desaparece.

EL TIEMPO SE CONGELA Y MIRO
si pasa si no pasa.

Las conversaciones se me quedan pendientes, pero miro
si vuelven si es que vuelvo.

El pasado tan presente y el futuro
tan incierto si es que viene,
tan lejano si no es ya.
Encontrarse en el espacio
entre la materia del cuerpo
y el reflejo que el espejo hace imagen.

Parar.

Recordarse.

LA PALABRA EN LA PALABRA
que pisa la palabra en el silencio
que ahoga en la palabra
que muere en la palabra.

¿Cómo separar la parte de la voz,
alejar el eco?

Creer ser porque estás y pronuncias
fonemas que suenan cuando acallan.
Saber que no estás porque pronuncias
fonemas que acallan cuando suenan.

Que en estas letras nunca he estado,
que yo no soy estos sonidos,
que yo estoy cuando callo,
que de tanto venir ya me he ido,
y de tanto hablar ya no me escucho.

La palabra que pide
pausa en la palabra.

LOS OJOS CON LA MIRADA AL BORDE DEL VIDRIO.
El vidrio limado, cortante, seco.
Seco el ambiente, oscuro dejado
al punto de luz.
La luz partida, a medio alumbrar,
desconocida.
Desconocidas las voces, el murmullo,
la petición ahogadamente caducada
de algo más.
Más fuerza, más días, más horas, más alto,
más.
Mas los ojos con la mirada al borde del vidrio.

A VECES ME IMAGINO PÁJARO
mirando a los humanos desde allí arriba.

Ellos no conocen
las rachas del viento,
no saben nada del canto
en el verde de la rama.

Solo piensan en el tiempo
y hasta eso se les pasa.

A veces me imagino pájaro
mirando la vista desde allí arriba,
mas mi condición humana
es un ancla que me arrastra
más abajo,
más abajo.

PODRÍA TUMBARME EN EL SUELO DE ESTE
   PORCHE PARA SENTIR
el calor rígido de la losa.
Podría huir al césped frío,
quedarme quieta y observar en mi cuerpo
el trepar de las hormigas,
el ataque de los mosquitos.

Yo no quiero volar lejos de este lecho.
Yo quiero observar estas batallas
que sin apenas luchar
puedo elegir vencer.

COMO SI UN SOL NACIERA
del centro de mi colmena
veo como rayos los trozos de mi esencia
alejarse en enjambre a otras praderas,
buscar el polen en otras flores,
llenar de miel otras venas.

Yo no sé si podré volver a juntar la luz entera,
sentir que completo un todo,
calmar la sed cuando vibra y esperar
la primavera.

Señor,
la jaula se ha vuelto pájaro.
¿Qué haré con el miedo?
ALEJANDRA PIZARNIK, *EL DESPERTAR*

ME SIENTO TAN MAYOR,
tan exhausta,
que parece que pudiera morir.
¿Cuántos años pesa el alma de este
cuerpo que afirma tener veintisiete,
que decía tener veintiuno?

Si ahora muriera y no quedara
nombrando mi carne epitafio alguno,
¿cómo evitar que todos supieran
que esta lápida era una puerta
y yo nunca estuve fuera?

QUISIERA ARRANCARME LA PIEL,
partirme el pecho y separar las dos mitades
de la puerta de este féretro,
de la cárcel de este entierro
para ver si sigo dentro.

Quisiera sacarme el ser, lavarlo
de la ansiedad que me envenena.
Quisiera tenderlo a sol
a ver si se calma,
a ver si se quema.

COMO EL BORDE MELLADO
del vaso viejo,
el árbol de invierno
que deja caer sus hojas.
Como el suelo dejado a medio fregar,
una verdad dicha a medias,
el abrigo que ocupa, pero no calienta.
Así es.

Como el postre que no llega,
la llamada perdida que no se pudo responder,
el día tras el día.
Como la expectativa baldía de la espera.
Así es.

¿QUÉ ES PARA MÍ TODO ESTO
que toco porque aún tengo manos,
y veo porque aún tengo ojos?

¿Qué soy yo aquí?
Acaso solo
peso del cuerpo que aplasta esta hierba.

ANDAN Y ANDAN
mis pies de seguido.
Yo quiero caminar
no trazar un sendero.

Yo quiero recorrer tierra
con mis dedos sin hacer
camino al andar.
Avanzar.
Seguir sintiendo.

Que soy lo que soy hoy,
no lo que siembro.
Lo que seré vendrá y si no
seguiré existiendo.

Y mientras seas,
mientras tus ojos vivos me vean,
estaré bien.

QUÉ HAGO YO TAN TRISTE, AMOR.
Si hoy he despertado
sabiendo que respiras, si es tu boca
y no los gusanos
la que muerde mi carne.

¿Qué hago yo así de triste?
sabiendo que estoy viviendo estas horas,
que mi cuerpo aún existe,
que se me ha concedido otro sol.

Pero, amor, yo solo quiero tiempo
y tiempo es todo lo que me falta.

Yo no sé si vendrá un futuro, si tengo
siquiera algún minuto que ofrecerte,
pero aun sin saber si algo me queda
qué más quisiera yo que entregarte
el infinito intangible de mis días.

AY, AMOR,
yo solo sé ser agua.

Los días van y vienen
y yo no aprendo a poner orden a mi materia, a
materializar mis intentos.

Quisiera entender por qué hay momentos
en que, de tan líquida, me derramo.
Por qué no puedo evitar el ciclo,
la dilución constante.

¿Por qué nunca me acabo?
Y vuelvo luego a llenar
mis vasos con los charcos, los huesos
con las gotas.

Yo solo sé ser agua,
del cauce ausente, de
embalse roto.
Agua de ojos rojos,
del mar silente.

Pero bueno, amor,
los días van y vienen y,
mientras vengan,
estaremos bien.

QUIERO VOLVER AL SUR, A SENTIR
la calma azul
de la playa en que crecí.

Dejar que la arena
se lleve mis años
robándome las huellas,
borrándome al pasar.

Si venís a verme, traedme
el sol de mayo, el sonido
de las olas al romperse.

Traedme cuando muera la sal que seca el mar
para incrustarme las heridas,
para lavarme las ausencias
que mi cuerpo no ha sabido
aquí, en esta tierra,
cicatrizar.

PARTE 2

«Ven, rayo de luna,
suave voz,
pies siempre fríos, rezo en mi canción.
Si tú me dejas ciega,
yo te sigo hasta el final
y te espero allí,
lejos de la luz,
justo en la raíz».
EDE, *LA RAÍZ*

«Traté de describir
el tedio y la constancia de
algunas cosas verdaderas,
creí que duraderas.
Conté hacia atrás
para dormirte
y fracasé».
ZAHARA

«Ya no soy más que yo
para siempre y tú
ya
no serás para mí
más que tú. Ya no estás
en un día futuro
no sabré dónde vives
con quién
ni si te acuerdas.
No me abrazarás nunca
como esa noche
nunca.
No volverá a tocarte.
No te veré morir».
IDEA VILARIÑO, *YA NO*

I
INTRODUCCIÓN

(O COMO SIEMPRE EMPIEZA TODO)

HAY EN TUS OJOS
cristales de vidrio verde
cortando en mi tierra
barrancos que reflejan
con la luz la muerte.

Qué caprichosos tus ojos
que acaparan todo el verde
y clavándose en la hierba
les roban el alma a las flores.

¿Quién eres tú?
¿Qué haces aquí?

Tú que sin ser aire
llegaste a ser
viento en mi jardín,
sol único de esta luz.

¿Quién eres tú?
¿Qué te has llevado de mí?

Hazme dejar de respirarte.

ASOMAN ENTRE LAS REJAS
las ruedas en los balcones
como si soñar con la velocidad fuera
más fácil lejos del suelo.

¿Desde cuándo soy yo bici en tu balcón,
vehículo inmóvil al tiempo?

VOLVÍAS COMO UN GRITO
volvías
con tu piel suave partida
al antojo de mis dedos.

Y yo era feliz así,
feliz en este deseo.
Que si me hubieran preguntado qué prefería
y yo hubiera podido elegir
perder la vida o las ganas,
si me hubieran hecho decidir en un segundo si me muero,
ay, amor, qué dulce habría sido partir
deseando siempre tu cuerpo.

TERMINAN YÉNDOSE LOS DÍAS
sin saber nosotras apenas vivir.
Y llegan cuando pasan, siempre tan ligeros, tan volátiles, siempre
titilando tenues en el tiempo que viene,
que se nos va.

Y yo espero tu llegada como espero el color de las flores, el
calor del rayo que robe
el frío que la piel del invierno esconde.

Y yo siento al llegar
tras tantas horas
los días nuevos
como de repente todo arde.

II
LA NOSTALGIA
(O EL CICLO SIEMPRE VUELVE)

SI HUBIERA EXISTIDO UN DÍA,
apenas uno de este año,
con otra luz
y yo no despertara igual cada mañana
y no pensara a cada rato
en cómo entrarán los rayos por
las rendijas de tu persiana.

«Hoy el alba me sortea
y en el comedor te busca.

Ilumina tu recuerdo arrugado en una esquina».
MARÍA PAZ OTERO, *TRABA. NIMIEDADES.*

SE ADHIERE LA LUZ A ESTAS PAREDES BLANCAS
y yo espero tumbada a que alcance tu piel,
mientras descansa tranquila sobre la sábana.
Yo no sé qué puedo hacer si no puedo siquiera
mirar tus ojos.

No quedan grietas
ya en el surco de esas pecas.
No puedo juntarlas ya,
trazar líneas rectas,
imaginar formas.

Son ahora puntos distantes
que se evaporan
conforme el sol
se va alejando de tus pieles.

El aire que roza corta
seco el color del verano,
frío el calor de otra época, otra estación,
otro tiempo.
El viento se lleva mis trazos.
Se queda tu piel tan intacta,
que parece ajena a mis manos.

El ciclo vuelve,
siempre vuelve.

La noche da paso a la mañana,
impertinente siempre cada amanecer.
La luz entra temerosa, casi sin rozar,
estas pareces blancas.
Y no alcanza nunca tu piel
porque no te encuentras nunca en esta cama,
y la sábana queda a oscuras libre de este sol que no la alumbra,
castigada a recordar siempre tus ojos.

MUCHOS DÍAS ME BROTA INESPERADO
el recuerdo quemante del verano ya pasado
a la búsqueda del que no llega.

Me encuentro con la comida en espera
encerrando con los dedos cualquier
pizca de sal, como si atrapara certera
entre mis manos los restos de arena
acorralados en tu piel.

Recuerdo los cuerpos húmedos,
la libertad serena,
ser testigo de la batalla de color
cuando el sol te clareaba los ojos.

Sé que a veces confundo el ruido sordo
del viento con el mar,
mi cama con esa cama.

No sé qué es esta nostalgia amarga que asomando
a cada punto de sal
me mantiene a la espera
del verano que ya nunca va a llegar.

DECÍAS CONVENCIDA QUE
en las fotos seríamos claroscuros,
antítesis prohibida, simbiosis imposible
de los cuerpos.

Decías que yo soy todo lo que tú no eres,
el color negro,
el tacto frío
del sol de enero.

Yo asentía, pero dudaba
de que fueras
el calor
de la luz,
del mar de agosto.

Si ahora, que ya no me crees,
pudiera hacerte ver que no eres tú todo
lo que yo no soy,
que podríamos las dos ser a la vez
luz de mayo,
tacto suave,
misma piel.

PINTADOS CON EL NEGRO DE LA FUGA
nos llegaron los días,
y tú ahí, a un lado,
con las preguntas de respuesta hastía,
con las dudas
a ladrillo visto,
delineando el contorno
de los sitios que habito.

Y yo aquí, al otro lado,
con los azulejos partidos,
con la cal apagada
de un blanco manchado,
imaginando la entrada del frío
por la rendija abierta
de una ventana que no avisto.

Aquí estoy siempre yo,
con la llave de ningún piso,
intentando abrir todas las puertas.

III
EL DAÑO

NOS OFRECIMOS VOLAR
y nos negamos el viento.

Y ahí nos quedamos,
mirándonos las manos
esperando
a que nos brotaran alas.

LA SAL DE MI TRISTEZA CRISTALIZA
la escasez de tus días blancos.

No puedes calmar mi mar
en medio de tu naufragio.

¿RECUERDAS TÚ LOS DÍAS DE LA LUZ PARTIDA
del pulmón al vacío
por el aire ausente?

¿Recuerdas tú todavía el rechinar de mis dientes
al aguantar el daño contenido?

Recuerdo yo la sangre derramada del daño infligido,
tu pecho partido, mis manos manchadas.

Llevo yo el lastre eterno de quien ha herido,
llevas tú el lastre hastiado de quien sufrió.

«Y tu voz que era el silencio
la calma más suave del río
¿por qué se vuelve tormenta
y frío, frío, frío?
¿Qué son todas esas sombras
que han oscurecido el día?
Que hacen hoy sangrar tu herida
y van a hacer sangrar la mía».
EDE Y XOEL LÓPEZ, *QUEMAS*

COMO UN NIÑO CON LAS MANOS
al hollín manchadas
encuentro tu amor blanco
tan limpio que reluce,
que remedia todo lo que escuece.

Con mis dedos, torpes, imprudentes, pruebo su tacto,
tan suave que lima todo lo que adentro roza.

Y despacio,
de forma intermitente
con mi juego irresponsable
lo voy manchando.

Y tu amor, que nada lo agota,
que sigue siendo blanco,
que sigue siendo suave,
que todo lo intenta,
se vuelve a los ojos tan gris,

que, caprichosas, ya no lo buscan mis manos
tan oscuro que aún lo entregas,
pero ya no lo reconoces.

SOMOS TAN ESCUETAS QUE ES ESCASO EL
querernos, vienes.

Quizás pueda yo lavar tus pieles, sacar
las balas, cubrir la herida, quizás pueda yo
vendar tus manos, coser los rotos, detener
la sangre, sostener en mis dedos
las mil astillas de tus huesos estallados,
vienes.

No puedo yo ser quien quieres, cambiar el
recuerdo, llenar la ausencia, la nada,
subsanar
la mentira, detener el daño, dejar de ser para
ser nadie, reparar las mil astillas de tu pecho
fragmentado.
Marcharme.

Somos tan escuetas que es escaso el
curarnos.

Y ahora ya no vienes.

IV
EL FIN

ME SENTÉ A ESPERAR EL PASO DEL METRO
para olvidar la cadencia de tus pasos.
Mirarte al pasar, como quien mira
la vida que se va,
como quien deja escapar los años
para poder morirse antes.

Yo solo deseaba concedernos
el espacio,
poder marcharme si tú te marchas,
que puedas retirarte
si yo ya no estoy
entre tanta duda abstracta.

El pitido de llegada de un vagón es hoy
la alarma efímera que anuncia otros días nuevos.

Me levanté y tú me miraste
desde aquel andén de enfrente,
sin tiempo ya para esperar a que encontremos
la decisión de si subir o bajar para siempre.

HUBO UNOS DÍAS EN QUE DESCANSABAS EN MI PECHO
a pecho abierto.

Ahora, que duermes tan lejos de aquí, dime
qué tiene que pasar para tener la certeza al fin
de que ha llegado el día
en que mi presencia te es extraña, mi compañía indiferente, mis
   ojos huecos, mi pecho
una tierra lejana,
mis manos ásperas, mi voz mundana, mi cuerpo
entero ajeno a ti.

¿Cómo saber,
dímelo, tú, amor,
si ha llegado el día?

APARECES COMO VUELVEN LOS RECUERDOS.

La distancia entre tú y yo hoy es tanta
que parece casi tangible,
que siento ahora a ratos
que podría palparla en mis dedos
si apretara con fuerza mis manos.

Yo te miro con el desconcierto latente
con que se mira al pasado que ya no es,
con la duda de un presente
que tu silencio me confirma.
Yo te miro y contemplo
como tu mirada se pierde, ajena,
en el hueco del espacio que mi cuerpo ocupa.
Tan separadas las miradas
que ni se entienden ni se cruzan.

Yo no tengo ya
respuestas para palabras baldías
ni tengo energía para la desgana.

Quizás están vacías todas las cosas
que nos quedan por decirnos.

Quién podría habernos visto
y aun así acertar al admitir
que en otros días no tan lejanos
tú y yo fuimos algo.

V
AHORA QUE YA NO

HOY COMPRÉ UN ROSAL POR TERCERA VEZ,
con la idea impronunciable de que volverá a morir.

Todas las veces yo le dediqué mis horas.
Todas las veces el sol quemó con sus rayos las flores, secó sus hojas,
tornó papel áspero el tacto que debía ser suave y terminaron
sus trozos fragmentados en mis manos.
Quizás como el amor.

La tierra, escasa pero ingobernable, nunca estuvo bien,
demasiado húmeda, demasiado ausente
de vida, de agua, de sales, de qué.

Yo invertí mis horas,
traté de conocer las necesidades, los secretos,
traté de hacer de mis dedos la base del cuidado,
tener paciencia, avanzar.
Pero todas las veces terminó
la planta marchita, la raíz podrida, la tierra vacía
y volvió a confirmarse la idea de que,
aquello que intenté salvar,
volvió a morir.

Y me encontré de nuevo vaciando
un recipiente de barro que queda a esperar una nueva víctima,
un nuevo intento, uno más.
Quizás como el amor.

LA ÚLTIMA VEZ QUE RECORRIMOS ESTAS CALLES NO ÉRAMOS ESTO QUE AHORA SOMOS.

Nuestros ojos vestían otro brillo, otra energía, otra ilusión, sin duda
mucho más deseo del que pueden ahora reflejar.
Nuestro pecho latía a otro compás,
frenético, imparable, caótico, tan difícil de parar, tan difícil de seguir.
Nunca imaginaron nuestros cuerpos la calma bradicárdica
con la que ahora procuramos avanzar.

Entonces éramos otras, quizás más jóvenes.

Ahora camino estas calles a tu lado sabiendo que no sabes quién soy,
que apenas sé ya de ti, que escuchas mi voz porque está ahí,
sin remedio,
pero preferirías la paz de cualquier silencio.

Te veo y ya no sé a cuántos metros vives ya de mí,
quién eres ahora tú, qué queda de lo que yo vi.
Camino a tu lado, pero no sé si preferiría
tu presencia a cualquier soledad.

Desde luego no queda nada ya
de lo que fuimos
la última vez que recorrimos estas calles.

LA COTIDIANIDAD DE NUESTROS DÍAS,
la nostalgia que alberga vernos estar,
recordarnos ser.
El último adiós de tu llamada,
mi mirada perdida en tu espalda que se marcha,
el olvido de mi risa,
mi llanto a medias,
tus ojos.

La ausencia de lo que fue se fibrosa en nuestros corazones
y ya no duele,
solo ocupa espacio.

No siento ya el dolor punzante de la herida,
la quemazón constante, la incomodidad
del líquido que entreabierta al hurgar rezuma.
No siento ya el miedo a que no cierre.

Como piel que queda alterada, con la elasticidad perdida,
conformada ya tejido distorsionado de lo que fue,
solo siento ya esta ausencia
como maraña aumentada de fibras que son únicamente
cicatriz.

Nuestra ausencia es ya,
en mi pecho, en mis manos, en el recuerdo,
cicatriz.

Y, como tal, solo pesa, solo advierte, solo ocupa.

PODRÍA YO

clavarme tres puñales en el pecho,
negar mi nombre, hacer
de mi Dios algo inexistente
y rezarte solo a ti.

Podría yo
ofrecerte esta piel, hacer
tuyos mis adentros,
partirme en dos,
desangrarme, hacer
de mi carne,
carne tuya.

Podría yo
entregarme a la locura
de nuevo contradecirme, renunciar
al futuro, a mí, a todo.
Entregarme a ti.

Podría yo, sé que podría
pero prefiero,
por preferir prefiero,
no hacer nada.

CUANDO ERA PEQUEÑA ME ADVERTÍAN
que la piel tiene memoria.

Ahora, que lo soy todavía,
salgo a tomar luz natural
para vencer por un instante
la claridad artificial de la electricidad.

Mi piel ya no conoce el sol, se debate
entre absorber sus rayos o defenderse.

¿Cuántos días serán suficientes, amor,
para que se olvide también de tus manos?

«Cómo decirte, mi amor.
Cuando ya no me quieras, mi amor
Nos veremos dentro de unos años y ya no sabremos qué decir».
JIMENA AMARILLO, *CUANDO YA NO ME QUIERAS*

TE ABRAZO
como abrazo los miedos,
como abrazo un milagro,
como abrazo el olvido.

COMO QUIEN YA PRESENCIA LO QUE HA DE VENIR IMAGINO
como tu voz retumba en el hierro que alberga la lumbre.

El invierno se adhiere a tu aliento,
se aleja, se pierde
y me trae
promesa de un año futuro,
fuego que brinda calor
bajo un sol de austero calentar.

ÍNDICE